新

私はこうして祈る

――ひと・とき・場合に応じた祈りの言葉――

谷口雅春

JN203659

本書のご利用にあたって

◆祈り

本書は、健康問題や仕事、人間関係、自己改善など、人生の諸問題について思い悩んでいる方に、どのように祈ったらその問題が解決されるかを、谷口雅春先生がご発表になった「祈りの言葉」の中から分類ごとにまとめたものです。

ご家庭において、また仕事の合間や、電車等での移動、お出かけ先などにおいて、その時、その場に応じ、本書の中から解決したい悩みや叶《かな》えたい希望にしたがって「祈りの言葉」をお唱《とな》えください。

谷口雅春先生は、「祈る」ということについて次のようにお説きになりました。

吾々《われわれ》は何か「思っている時」「考えている時」には「思念《しねん》している」のであります。「思うこと」「考えること」がすなわち「思念する」ことであり、「祈る」ことであります。「思う」ことは「思念する」ことであり、「祈る」ことであります。「祈る」の「イ」はイノチ又《また》はイキ（息《いき》）と云《い》う意味であり、ノルは「宣《の》る」と云《い》う意味ですから、「祈る」とは「イノチでノベル」即《すなわ》ち「心で思う」と云《い》うことと同じであります。不幸な事を常に心で宣《の》べていながら、僅《わず》か十五分間位《ぐらい》、所謂《いわゆる》「神に祈って」「神よわれに幸福を来《きた》らしめ給《たま》え」と祈っても効果が少《すく》ないのは、常に「不幸」を思う時間の方が長いからであります。

（新装新版『真理』第２巻６〜７頁）

私たちが常に思念していること、強く思っていることは、イノチが宣言している（祈る）ということであり、その祈りによって私たちの人生が創《つく》られているのです。その上で谷口雅春先生は、神に祈る際の心の持ち方について次のようにご教示になっています。

神を「祈り」や「懇願《こんがん》」によって変化しようと考えてはならないのであります。神を「祈り」や「泣きつき」で愛憎《あいぞう》の心を動かすような感情の動物だと考えてはならないのであります。「祈り」は神と人格的交通の自覚を得て、人間自身が神の愛に温《あたたか》く包まれている実相《ほんとのすがた》に認識を深めて、自分自身が改造せられるのであります。神は永遠であり、既《すで》に祈らなくとも与えておられること、聴取《ちょうしゅ》を申込《もうしこ》まなくとも、既に放送を開始している放送局のようなものであります。しかし神の「恵み」の放送番組を間違《まちがい》なく受取《うけと》るには、よく調《ととの》えられたラジオ・セットを所有し、それを放送の波長《はちょう》に合わせることが必要なのであります。心のラジオ・セットをよく整備して神の放送の波長に合わす行事が祈りであります。

（新装新版『真理』第2巻38頁）

神様と波長を合わす「祈り」によって、私たちの人生に善《よ》きことのみが現れてくるのです。

◆神想観

本書の中では、いくつか「神想観《しんそうかん》」という言葉が出てきます。「神想観」とは、谷口雅春先生が啓示によって普及させた瞑想法《めいそうほう》であり、観法《かんぽう》であり、「祈り」の一つの形式です。

神想観のときに本書の「祈りの言葉」を一緒に唱《とな》えると、なお自覚が深まることでしょう。神想観の際に本書にある「祈りの言葉」を唱えてもいいですし、「祈りの言葉」だけをその都度《つど》、唱えても結構です。

なお、『生命《せいめい》の實相《じっそう》』観行篇《かんぎょうへん》、ならびに『聖光録』で紹介されている「神想観」の唱える言葉は、次のとおりですので引用します。

※　※　※

基本的神想観

（招神歌《かみよびうた》）

生《い》きとし生《い》けるものを生《い》かし給《たま》える御祖神元津霊《みおやがみもとつみたま》ゆ幸《さきは》え給《たま》え。
吾《わ》が生《い》くるは吾《わ》が力《ちから》ならず、天地《あめつち》を貫《つらぬ》きて生《い》くる祖神《みおや》の生命《いのち》。
吾《わ》が業《わざ》は吾《わ》が為《な》すにあらず、天地《あめつち》を貫《つらぬ》きて生《い》くる祖神《みおや》の権能《ちから》。
天地《あめつち》の祖神《みおや》の道《みち》を伝《つた》えんと顕《あ》れまし生長《せいちょう》の家《いえ》の大神守《おおかみまも》りませ。

吾《わ》れ今五官の世界を去って実相《じっそう》の世界に入《い》る。此処《ここ》がこのまま実相の世界である。
神の無限の智慧《ちえ》の海、神の無限の智慧の海、神の無限の智慧の海……
神の無限の愛の海、神の無限の愛の海、神の無限の愛の海……

神の無限の生命の海、神の無限の生命の海、神の無限の生命の海……

神の無限の供給の海、神の無限の供給の海、神の無限の供給の海……

神の無限の悦《よろこ》びの海、神の無限の悦びの海、神の無限の悦びの海……

神の無限の調和の海、神の無限の調和の海、神の無限の調和の海……

この大調和の実相の世界にいて、吾《わ》れ神の子として神より無限の生かす力の供給を受けつつあるのである。

神の無限の生かす力自分の中《うち》に流《なが》れ入《い》る流れ入る流れ入る……

満たされている。生かされている。満たされている。生かされている。ありがとうございます、ありがとうございます。……

もはや吾《わ》れ生《い》くるにあらず、神のいのちここにありて生くるなり。

（光明思念の歌）

天照《あまてら》す御親《みおや》の神《かみ》の大調和《みすまる》の生命《いのち》射照《いてら》し宇宙《くに》静《しず》かなり

※　　※　　※

「神想観」についての詳《くわ》しい説明や実修法《じっしゅうほう》については、新編『生命の實相』観行篇「神想観」「神想観実修本義」（第14巻・第15巻）をご覧ください。

本書をいつも携帯し、事に応《おう》じ、時に応じ、場所に応じて、「祈りの言葉」を唱えてください。必ずや、あなたの人生が光り輝く方向へと導かれることでしょう。

平成三十一年四月吉日

谷口雅春著作編纂委員会

新　私はこうして祈る

――ひと・とき・場合に応じた祈りの言葉　目次

仕事・繁栄のための祈り

和解と祝福のための祈り

神との一体感を深めるための祈り

健康・治病のための祈り

病気という考えを捨て去るために

神があなたを病気にしているとか罰《ばつ》を与えているとか云《い》う考えを捨てなさい。既《すで》に神はあなたを健康に幸福につくっておられるのです。それなのに不健康にあらわれたり、不幸な境遇《きょうぐう》におかれたりするように見えるのは、あなたの想念が実相《ほんとうのすがた》の上に雲のように蔽《おお》いかかって、実相が見えないに過《す》ぎません。どんな病人も、「今、私は病気している」と云《い》う考えを捨てなさい。

「今、私は神につくられたままの健康である。健康である

のに不健康に見えているのは、私の感覚の錯誤《さくご》である。神が一度自分を健全に造《つく》り給《たま》うた以上は、何人《なんぴと》もこれを不健全に造りかえることは出来ない。私は今現《げん》に健康である」

そのような思念を毎日毎日繰返《くりかえ》すのが宜《よろ》しい。

（新装新版『真理』第７巻328～329頁）

病気の恐怖を去るために

「わたしは今、神想観《しんそうかん》している。心を静《しず》めて実相《じっそう》を観《かん》じているのである。私は今、実相の中に融《と》け込《こ》んでいるのである。平和が私の心を満《みた》し、調和が私の霊《たましい》を満《みた》しているのである。一切の邪念《じゃねん》が消えてしまったのであるから、私は、実相円満《えんまん》の世界の波長《はちょう》にぴったり波長が合うのであるから、実相円満のことばかりが現象界《げんしょうかい》に出て来るのである。私の心は、今、実相の完全さが現象界《げんしょうかい》にあらわれるための、完全な媒体《ばいたい》となったのである。無限の完全なる生命が自分に流《なが》れ入《い》るのである。実相の無限の完全さが、今自分に於《お》いて現象化《げんしょうか》しつつあるのである。もう自分は『本来《ほんらい》病気はない』ことを知るがゆえに恐怖することはないのである。私は今、完全に『実相の世界』に超入《ちょうにゅう》しているのである。私の心は平和であり、一切の恐怖は消えたのである」

（新装新版『真理』第10巻105～106頁）

胃腸が悪いとき、痛みがあるとき、病菌におかされたと心配なとき

「本来神の子に病気はない。既《すで》に吾《われ》は健康である」

とはどんな病気にも是非《ぜひ》念ずべき事柄《ことがら》で、その他のことは胃腸が悪ければ

「胃腸の血液循環《じゅんかん》はよくなり消化吸収同化力《どうかりょく》は強くなる」

とか、痛みがあれば、

「本来肉体は物質だから痛みはない、痛いと思うのは心の迷いだ。迷いは消え痛みはなくなる」

と心に繰返《くりかえ》し念じ、病源《びょうげん》が黴菌《ばいきん》だと信ぜられている場合には、その信念を打《う》ち消《け》すために

「一切生《い》きとし生ける物は実相《じっそう》の世界に於《お》いて調和している。黴菌《ばいきん》が人間を害しているように見えているのは恐怖心の現《あら》われで虚妄《うそ》である。黴菌といえども人間と完全に調和していて害するということはないのである。自分は一切生物と調和して平和である」

というふうに念じます。

（新編『生命の實相』第14巻48頁）

子供が病気にかかったとき

子供がもし、人類の病気を起《おこ》す潜在意識《せんざいいしき》に抵触して病気に罹《かか》ったり、罹りそうな予感がした場合には

「自分の子は神の子であるから、決して人類の病気の通念によって害されるものではない。自分の子は神の愛に護《まも》られ、常に安全であり、ただ健康のみなる実相《じっそう》の世界に住ん

でいるのであるから安心である」

と強く繰返《くりかえ》し念じて、恐怖の観念を取去《とりさ》り、病気の人類通念から超出《ちょうしゅつ》してその波長《はちょう》に合わないようにしてしまうことが必要なのであります。

（新編『生命の實相』第4巻12頁）

神の癒《いや》しを受けるために

「神の生命（無量寿《むりょうじゅ》の生命）われに流《なが》れ入《い》りてわが生命となりたまうたのである。神の生命は、わが内にましまして、われわれを『癒《いや》す力』となっていられるものである。自分を癒す力は自分の内に備《そなわ》っているのである。だから、自分自身が許さない限りは、その無量寿《むりょうじゅ》の生命の完全なる発現《はつげん》（即《すなわ》ち健康）を妨《さまた》げる力は、決して自分に入って来ることは出

来ないのである」

このように毎朝夕《まいあさゆう》、心に深く念じて、自己に宿る癒《いや》す力をよび出すようにすれば、心に病念《びょうねん》を思い浮《うか》べる隙《すき》がなくて病気にかからなくなるのである。

（新装新版『真理』第8巻305～306頁）

元気を養うために

神様の「想《おも》う力」はあなたの頭が眠っている間にも、働いて、肺臓《はいぞう》を呼吸させ、胃袋や、腸《ちょう》で消化し、身体《からだ》によい成分と、身体《からだ》に悪い成分とを選《え》り分けていて下さっているのです。だから眠りしなには、しばらく、

「私の中に宿っていられます神様、毎日、よく私の身体《からだ》をお護《まも》り下さいまして有《あ》り難《がと》うございます。今晩《こんばん》も、私の眠っている間によくお護り下さいまして、肉体を健康に、

疲《つか》れを癒《いや》してまた明日《あす》健康に仕事を充分させて頂く力を与えて下さい」

と、自分の中に宿っている神様にお願いして眠りますと、なお一層、眠っている間に身体《からだ》がやすまって、明日の元気が出るのであります。

（新装新版『真理』第1巻140～141頁）

入浴中にできる健康の思念

入浴の際、石鹸《せっけん》を掌《てのひら》につけて全身を掌《てのひら》でなめらかに摩擦《まさつ》しながら

「汝《なんじ》は神の身体《からだ》である。物質ではない、霊《れい》である。霊であるから病《や》まず老《お》いず永遠に健康に汝《なんじ》の機能を果《はた》すのである。有《あ》りがとう、有りがとう」

と祝福の言葉を念ずることも肉体を常に若く健康にする道であります。

（新装新版『真理』第２巻７頁）

仕事・繁栄のための祈り

心を落ち着けて仕事をするために

明るい落着《おちつ》いた心になれませんでしたら、仕事をするまで先《ま》ず心を落着かせることです。それには

「神が今私を護《まも》っていて下さるから大丈夫である。神の智《ち》慧《え》が流《なが》れ入《い》って今如何《いか》にこれを為《な》すべきかを知らせて下さるのである」

と静かに念じて、二、三分深呼吸をしてから仕事をすることです。深呼吸するのは、息を吸うときに、その息の流れ入る感じを

「神の智慧《ちえ》が流《なが》れ入《い》りつつある」

と思って、そう念じながら静かに息を吸うて心を落着けるとよいのです。心を落着けて仕事をしておりますと、屹度《きっと》何事でも間違《まちがい》なく、よい智慧《ちえ》が出て、よい成績で出来ることになるのであります。

（新装新版『真理』第3巻44～45頁）

仕事に不満があるとき

職業が既《すで》にあって尚《なお》不満足に思う人は眼をつぶって静かに精神をととのえながら斯《こ》う念じましょう。

「この職場は私が今働くために最も適する『場』である。この『場』に神が私を置き給《たま》うて私の魂《たましい》を訓練したまうのである。此《こ》の魂の訓練期間が終《おわ》れば、私はこの『場』を卒業して次の『場』に行《ゆ》くことが出来るのである。その素《す》晴《ば》らしい機会が、近づいていることを知るがゆえに、どうしても現在の『場』を優秀なる成績で卒業しなければならぬから、現在の仕事を最も完全に遂行《すいこう》すべく全身全霊《ぜんしんぜんれい》の努力を為《な》すのである。私は今、自分の職務《しょくむ》を完全に遂行し得《う》るがゆえに、楽しいのである。周囲の人々も私の努力を充分に認めてくれ、私を賞讃《しょうさん》し、私に対して好意を持っているのである。私の周囲に一人の敵も存在しないのである。どんな障礙物《しょうがいぶつ》も存在せず、唯《ただ》素晴しい好機会があるだけである」

（新装新版『真理』第７巻318頁）

貧しい観念におそわれたとき

貧しい遣《や》る瀬《せ》ない窮乏感《きゅうぼうかん》に襲《おそ》われて来たならば、(中略)「神想観《しんそうかん》」をして精神を統一し、

「神と吾《われ》とは一体である。神はすべてのものを有《も》ち給《たま》う。神の有《も》ち給うものを吾《わ》れもまた有《も》つのである。すべての物は吾れに与えられているから自分は貧しくはないのであ

る」

という意味の言葉を強く強く自己に自信の出来るまで思念せられるが好《よ》いのでありますます。

（新編『生命の實相』第４巻 176 ～ 177 頁）

金銭の問題があるとき

吾々《われわれ》の生命の奥底《おくそこ》に内在する神は、普遍《ふへん》にして無限智《むげんち》、無限愛《むげんあい》、無限力《むげんりょく》なる宇宙の神であるから、その全能《ぜんのう》の力にあらゆる問題をまかせるときには如何《いか》なる難問題でも解決し得《え》ないと云《い》うことはない。若《も》し金銭の問題で必要があるならば、

「わが内に宿り給《たま》う神よ、あなたは無限供給であり、無限の富の源泉であります。私はあなたの無限供給が、今私の

現在の経済生活にあらわれることをお願い致します。あなたは私が呼びかけた時、常に私の願いをきいて下さいます。既《すで》にそれをきいて下さいました。有《あ》り難《がと》うございます」

と感謝の祈りを心から捧《ささ》げるのである。祈りを終《おわ》った後《あと》には、如何《いか》なる手段を通して神がそれを現実にしたまうかについて取越《とりこ》し苦労《くろう》をすることなしに、既《すで》に霊界《れいかい》の〝無限供給〟が現実化しつつあるのだと云《い》うことを固く信じて、自己と周囲とに起《おこ》って来る自然の動きにまかせて行動するがよいのである。

（新装新版『真理』第10巻240～241頁）

神の無限供給を受けるために

「われは神の子である。されば神の有《も》ちたまえる全徳《ぜんとく》を身に実現することが出来るのである。神は無限の富の源泉である。そして我《われ》は神の世嗣《よつぎ》であるから必要なるすべての物資《ぶっし》は、おのずと何らかの経路を通して自分の処《ところ》へやって来るのである。神の無限の供給が通って来るところの通路は愛であるから私は常に愛を実践するのである。愛はまた智《ち》

慧《え》の道をひらく、それゆえにわれは、神の智慧の光に照らされて過《あやま》ちなき道を歩むのである」

このような言葉を神想観《しんそうかん》の時に繰返《くりかえ》し念ずるようにすれば、自分の心の領土内に愛と智慧《ちえ》と無限供給との念が培《つちか》われて、自然に、時と場所と人とに応じた適当な処置《しょち》がとれるようになり、失敗はなくなり、成功は得《え》られ、心は平和であるから自然に健康も得られるのである。

（新装新版『真理』第8巻169頁）

職業が与えられるために

「神が私を地上に生みだしたのは、私に職業を与えんがためである。職業はもうすでに与えられているのである、神がすでにわが祈りをきき給《たま》うたのである。職業はすでに与えられているのである、ありがとうございます」

というふうな思念をするのは大いに効果があるものです。

（新装新版『真理』第8巻169頁）

和解と祝福のための祈り

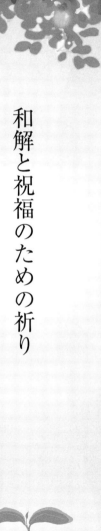

家族一人ひとりを祝福するために

毎日、祈りのうちに次の言葉を称《とな》えてあなたの家族を祝福なさい。

「私の父は神の子でよい父である。私の母は神の子でよい母である。私の良人《おっと》は神の子でよい良人《おっと》である。私の妻は神の子でよい妻である。私の息子は神の子で良い息子である。私の娘は神の子でよい娘である。皆さん、有《あ》り難《がと》うご

ざいます……」（この言葉の中で、家族中にいない者を省《はぶ》き、足《た》らぬ者を加えて下さい）

こう称《とな》えながら、家族全体に感謝の念を起《おこ》すようにつとめるのであります。家庭のうちの誰《たれ》かが「手におえない」場合にはそれは自分がその人に対して感謝の念の足りない場合が多いのであります。そんな場合、特にその人の名を称《とな》え、その姿を目に浮《うか》べて、右の如《ごと》く念じ、感謝を徹底させるように致しますと、必ずその人は、あなたに対して優しい深切《しんせつ》な人となります。

（新装新版『真理』第2巻8頁）

子供の操行《そうこう》が悪かったり、成績が悪いとき

人間の本来の相《すがた》、本当の相《すがた》は神の子でありますから、「本来この子は善《よ》い」と、子供の実相《じっそう》、その本当の相《すがた》を見て、それを拝み出すようにします（中略）

「うちの子供は本当に神の子であって立派な子である。放っておいても大丈夫である。決して悪くなるようなことはないのである」

と子供を信じて心で拝むのであります。

（頭注版『生命の實相』第30巻39～40頁）

腹が立つとき

自分自身を、「憎《にく》み」を行《ぎょう》ずるような低い卑《いや》しい存在だと思い違いしてはならないのである。自分を「腹立《はらだ》つ」ようなそんな短気な存在だと軽蔑《けいべつ》してはならない。

「私は腹立《はらだ》つようなそんな愚《おろ》かな私でない。私は神の子である。愛に満たされ、寛大《かんだい》で、包容力《ほうようりょく》が大きくて、何物《なにもの》をも宥《ゆる》すのである」

と神想観《しんそうかん》の時に念ずると短気がなくなること不思議《ふしぎ》である。

（新装新版『真理』第８巻167頁）

よき友を得るために

もし諸君がよき友達を得たいと思うならば、まず「神は愛である」と心の中《うち》に念ずるのである。

「愛は自分を通して表現されつつあるのである。神がすべての人間を愛し給《たま》うかの如《ごと》く、自分もすべての人間を愛するのである」

こう毎日ある時間思念して、それを実行するために、周囲の人たちに本当に神の愛をそそぐつもりで深切《しんせつ》を尽くすのである。すると諸君の全身からは、愛の雰囲気が常に放散されて自然に周囲の人々を引きつけてよき友となすことができるのである。

（『青年の書』104頁）

身近に不深切《ふしんせつ》な人が現《あらわ》れたとき

もし我々の前に不深切《ふしんせつ》な人や自分のためにならない事をする人などが現《あらわ》れたならば、それはその人そのものではなく、その人の額縁《がくぶち》であると思わなければならないのである。そして静かに相手に対して心の中《うち》で次の如《ごと》く念ずるがいいのである。

「あなたは神の子である。正真正銘《しょうしんしょうめい》の神の子である。あらゆる善《ぜん》の本源であるところの神の子である。善なる本源

からは善なる結果のみが現《あらわ》れるのである。あなたは神の子であり、善であり深切《しんせつ》であるのである」

こういう言葉を繰り返し繰り返し念じてそして自分が彼を本当に完全なる神の子であると見得《みう》る心境に達することが必要なのである。

（『生活改善の鍵』112頁）

誰かを憎《にく》んでいるとき

何事でも不結果が起《おこ》ったときには、神に一致しない心があるのであるから、先《ま》ず神に一致する心を起すことが必要である。神は愛であるから、神に一致した心を起すには、先ず愛の心を起さなければならないのである。誰《たれ》かを憎《にく》んでいたならば、その憎みを捨て、相手の罪を赦《ゆる》し、心に愛と平和を有《も》たなければならないのである。次の如《ごと》く瞑目《めいもく》して静かに念ずるが好《よ》いのである。

「彼（相手の名を念ずる）**と私とを神の愛と平和と調和と赦《ゆる》し**

とが取り巻いている。私は彼を愛し、彼は私を愛し、私は彼を理解し、その間《あいだ》に何らの誤解《ごかい》もないのである。愛は憎《にく》まない。愛は欠点を見ない。愛は怨《うら》まない。愛は相手の立場を理解して決して無理な要求をしないのである」

（新装新版『真理』第８巻113頁）

相手の悪を消すために

「悪は本来存在しないから無力である。自分は存在しないものを恐れないのである。自分は善《ぜん》の一元《いちげん》を信じ、善のみ存在することを信ずる、善の前には、悪はおのずから消えてしまうのである」

と念じて、心を平和に落著《おちつ》かせて、神と偕《とも》にある自信を以《もっ》て、神の智慧《ちえ》の導きたまうままに全力をつくすべきであります。

「われは神と偕《とも》であるがゆえに、すべての恐怖と、怒《いか》りと、劣等感は拭《ぬぐ》い去られたのである。吾《われ》は何物《なにもの》をも恐れない。私はすべての人を愛する。それゆえに、彼をも愛するのである。愛は無敵である。愛の前には敵はない。すべてのものは必ず味方となるのである」

と念ずるのです。念ずることは祈ることと同じであり、そこから自然に催《もよお》して来る「自然の動き」（自分の動きもあれば、他の人の動きもある）が問題を解決するのであります。（中略）

（新装新版『真理』第7巻336～337頁）

「悪よ、汝《なんじ》はあるが如《ごと》く見えるけれども存在しないのである。汝《なんじ》は本当は善《ぜん》であるから、必ず善の実相《じっそう》をあらわすことになるのである」

と強力に念ずるがよろしい。（中略）

「Aよ、汝《なんじ》は悪意をもって私をいじめるためにあらわれたように見えているけれども、実際は汝《なんじ》は善人《ぜんにん》であり、神の子であり、愛そのものであるから、決して私を苦しめることはない」

と念じて相手に対して心が催《もよお》すままに働きかけるがよいのです。思念が徹底すれば自然にその通りに成《な》って来ます。

(新装新版『真理』第7巻336～337頁)

相手と和解するために

私たちを憤《いか》らせた問題を忘れようとしても忘れられないことがあるのはその問題を惹《ひ》き起《おこ》した相手を赦《ゆる》していないからであります。私たちを苦しめた出来事《できごと》を思い出すたびに相手を赦しなさい。

「わたしはあなたを赦《ゆる》しました。あなたも私を赦しました。わたしはあなたを愛しています、あなたも私を愛しています。わたしはあなたに感謝しております。あなたも私に感謝しております。あなたと私とは神に於《お》いて一体でご

ざいます。ありがとうございます」

と一心不乱《いっしんふらん》に黙念《もくねん》するのです。更《さら》にすすんで

「神よ、あの人をどうぞ幸福にしてあげて下さい。あの人が私にあのような事をしたのはあの人が悪かったのではありません。あの人は幸福でなかったので、自然、どうすることも出来ないで、あのような事になったのです。神様あの人を幸福にしてあげて下さい」

と祈るがよいのです。

（新装新版『真理』第10巻323頁）

相手を祝福するために

あなたが人に与え得《う》る贈り物で最も尊いものは何ですか。それは物を与えることでも金を与えることでもありません。愛念《あいねん》を送ることです。祝福の祈りを送ることです。あなたの愛する人々を心に思い浮《うか》べて、

「神の愛があなたを護《まも》っておられます。神の与えたまうた幸福があなたを取巻《とりま》いています。如何《いか》なる禍《わざわい》もあなたには近づいて来ることはできません。あなたは神に護られて

平和と歓喜《かんき》に満たされております」

と祈ってあげなさい。その祈りが深まれば実際その通りになるのであります。

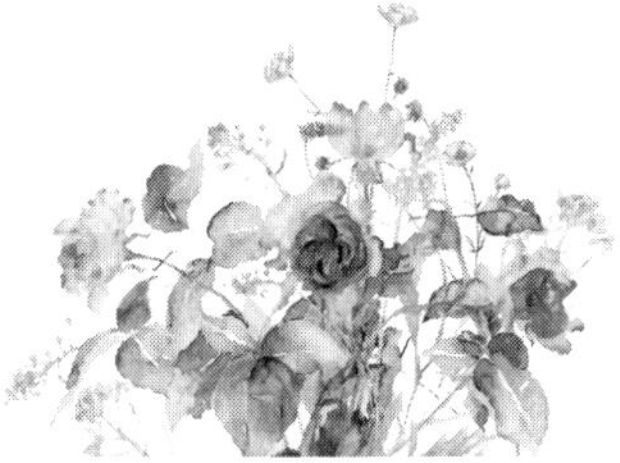

（新装新版『真理』第7巻332頁）

問題解決・運命改善のための祈り

悪い事があらわれたとき

若《も》し悪いことがあらわれたら、

「神様、あなたのお造《つく》りになりました実相《ほんとう》の世界にはこんな悪はないのでございます。悪があると見えているのは、私の心の迷いでございます」

と一ぺん見えているところの悪の現象《げんしょう》を一度ハッキリ否定する祈りをするこ

とである。この言葉を繰返《くりかえ》し繰返し念じて、悪の存在を否定した後《のち》に、肯定《こうてい》の祈りを行うのである。即《すなわ》ち

「神様、このように完全な世界を(或《あるい》は身体《からだ》を)御与《おあた》え下さいまして有難《ありがと》うございます。既《すで》に此《こ》の世界(又《また》は此《こ》の私の身体《からだ》)は完全でございます。有難うございます」

と既《すで》に与えられている完全な相《すがた》をハッキリ心のうちに念じ、それに感謝するがよいのである。

（新装新版『真理』第8巻119〜120頁）

問題が起《おこ》ったとき

誰《たれ》にも贔屓《ひいき》せず、一切の人々に好都合《こうつごう》に行くのが、神の平等の智慧《ちえ》のはからいであるのである。問題が起《おこ》って来たときには

「神様この問題を神様にあずけます。神様の智慧《ちえ》を流《なが》れ入《い》らしめ給《たま》うて、これをすべての人々の幸福になるように解決せしめたまえ」

と祈り、静かに心を受身《うけみ》の状態にならしめ、「神の智慧《ちえ》流《なが》れ入《い》る……」と念じてから、その問題の解決について考えれば好《よ》いのである。

（新装新版『真理』第8巻249頁）

どう解決したらいいか分からないとき

あなたが、何か問題が起《おこ》って、どうしていいかわからないときは

「わが魂《たましい》の底の底なる神よ！　この問題は肉体の私にはどうしたら好《よ》いかわかりません。どうぞ貴方《あなた》の無限の智慧《ちえ》で、私がこの問題を如何《いか》に解決したらよろしいか教えて下さい」

と本当に素直な気持で、自分の内にある神の国の神様にお願いすればよいのであります。

祈るときは明るい気持でお祈りなさい。暗い気持では、神様は光でありますから、波長《はちょう》が合わないのであります。

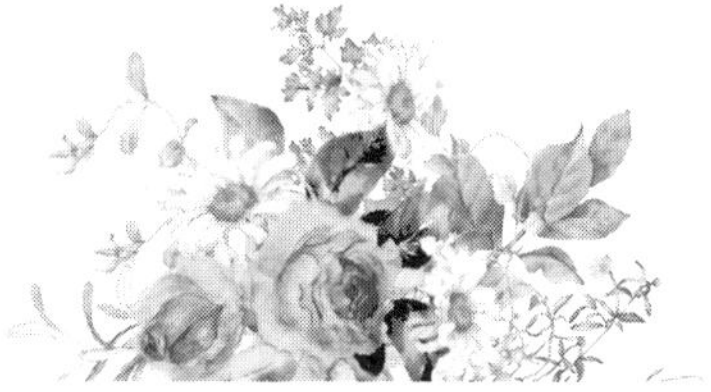

（新装新版『真理』第1巻232頁）

取越《とりこ》し苦労や心配が起こるとき

取越《とりこ》し苦労、不安、恐怖は精神力の逆用でありますから、精神エネルギーを消耗《しょうこう》することおびただしく、明るい希望に満ちた心で考えれば疲労もせずに名案が浮かぶものを、いたずらに憂苦《ゆうく》し懊悩《おうのう》するために、頭脳は疲労し、よき考えは逃げてしまい、時局《じきょく》を好転するに必要なる縦横《じゅうおう》な機略《きりゃく》は姿を潜《ひそ》めて出て来なくなるのであります。

取越し苦労や心配が心の底から湧《わ》き起こるときには、ただちに心を一転して

「われ神の子である、われ神と偕《とも》に生《い》く、われ神と偕に歩む、わが砦《とりで》は神であるから恐るるところのものはない」

と断々乎《だんだんこ》として心の中に唱《とな》えて自分自身に言って聞かすようにする習慣をつけるがよい。

（頭注版『生命の實相』第28巻33頁）

将来に暗い影がさしたとき

「私は勇気だ、勇気そのものだ。意気銷沈《いきしょうちん》なんて私の本性《ほんせい》には全然合わぬことだ。希望は太陽のように永遠に前途に輝いている。一時《いちじ》の暗い影は雲のように過ぎ去る。何を心配することがあるか。もう自分は心配という悪習慣を擲《な》げすてたのだ。私は勇気そのものになったのだ。私は神の子ではないか。私の希望は神が私に植えつけた成功の芽生《めば》えではないか。芽生えは植えつけられたときにはちょっと

の間はしぼむかも知れないが、それは必ず大きく生長する為《ため》にこそ神が私に希望を与えたのだ。私はこの希望が生長し成就《じょうじゅ》するということを確信する」

暇《ひま》をつくって静かなる場所に退き、静坐瞑目《せいざめいもく》して合掌《がっしょう》して、先《ま》ず「神想観《しんそうかん》」を行い、精神を統一して神と吾《わ》れとの一体感が深まったとき、かくの如《ごと》き力強き言葉を断々乎《だんだんこ》とした調子で、臍下丹田《せいかたんでん》より出る底力のある低声《こごえ》で自分自身に対《むか》って繰返《くりかえ》し繰返し囁《ささや》け。朝夕二回起床時《きしょうじ》と就眠前《しゅうみんぜん》とにこの方法を繰返すならば、諸君は仕事の前途に暗影《あんえい》があらわれたとき、それを巧《たく》みに乗り切るべき勇気と智慧《ちえ》とがめぐまれる。

（新編『生命の實相』第13巻35～36頁）

問題を心から放ったために

多くの人達は、平和な睡眠《すいみん》時間をとらないために、長時間眠《ねむ》っていながら尚《なお》くたびれているのです。寝床《ねどこ》へはいるときには、是非《ぜひ》昼中《ひるじゅう》又《また》は仕事時間中のいろいろの悩みから完全に解放されなければなりません。睡眠中の生活を全然昼間《ひるま》の悩みから遮断《しゃだん》してしまうのです。寝床へ入ったら何にも仕事のことや家庭のいざこざの事などは考えないのです。問題が残っていても寝床の中で考えて解決しようなどとは考えないで、その問題を神様に預けてしまうのです。その預け方を教えましょう。

「神様、あなたは無限の愛と智慧《ちえ》とを持っていらっしゃいます。だから、どんな問題でも解決出来るのです。この問題を、神様あなたに預けます。その間《あいだ》に時期が来て参《まい》りましたら此《こ》の問題を解決してくださいませ」

こう祈って、心を空《から》っぽにして、神に托《まか》せて眠ってしまうのであります。

（新装新版『真理』第８巻352頁）

悩みから解放されるために

すべての「善《ぜん》ならざるもの」、「悲しみを齎《もたら》すもの」、「苦しみを齎すもの」が此《こ》の世の中に現《あらわ》れて来るのは、自分の心の向け方、心の照準《しょうじゅん》の仕方を過《あやま》ったに過ぎないのであります。そう云《い》う時には次のように祈るのがよいのであります。

「神よ、あなたの静かなる魂《たましい》の平和をわれに与えたまいて、すべての心の悩みより我《われ》を解放したまえ」

（新装新版『真理』第1巻318～319頁）

明るい心になるために

明るい笑いは、憂鬱《ゆううつ》の感じを癒《い》やすための百薬《ひゃくやく》の長《ちょう》であります。不快な感じが起《おこ》って来たとき

「此《こ》の世は神の造《つく》った世界だから決して悪いものはない。自分は神の子であるから、どんな悪も近附《ちかづ》かない。悪く見えるのはよくなる初めだ」

と云《い》うような言葉を心でとなえて笑いなさい。

（新装新版『真理』第2巻119頁）

神のみ心にゆだねるために

「我《が》」の思いをなくするために、いろいろの事物を見て「自分考え」をおこさないために先《ま》ず目を閉じ、ゆったりと坐《ざ》するか椅子《いす》に凭《よ》りかかるかし、合掌《がっしょう》して

「神さますべての事件をあなたのみ心におまかせ致します。私は今自分の智慧《ちえ》を悉《ことごと》くすてました。どうぞみ心のままになしたまえ」

そういう意味の言葉を心にくりかえし念じながら、心も体も何の力《りき》みも緊張もなくしてしまって、すっかり神さまにもたれこんだような気持になるのである。そして目の前にあるところのすべての「困難」を、或《あるい》は「不幸」を心の世界からすててしまうのである。

（『希望実現の鍵』76頁）

良い運命を引き寄せるために

自分の運命によき事ばかりを引寄《ひきよ》せようと思いますならば、善《よ》き、やさしい、愛念《あいねん》に満ちた想《おも》いを起《おこ》すようにつとめる事が必要です。殊《こと》に一日の出発である朝の、目の覚めたときに、善き想いを起して置《お》けば、その日いちにち幸福でいることが出来るのです。だから、朝、目が覚めるとすぐ、

「私は神の子なるがゆえに、すべての人を愛し、すべての人に愛せられ、善《よ》い事ばかり来る、善い事ばかり来る」

と二十遍《ぺん》ずつとなえてから仕事にかかるようにすると、屹度《きっと》、あなたの身の周《まわ》りに、よいことばかりが集って来るようになります。

(新装新版『真理』第1巻144～145頁)

善《よ》きことばかりを招《まね》くために

「できますとも！」「屹度《きっと》うまく行《ゆ》きます」「吾々《われわれ》は運がよいんだ」「今日《きょう》は迚《とて》も気持がよい」と言うような明るい言葉のみを出すことに致しましょう。若《も》し実際、悪いことが発生していましても、それは、

「潜在《せんざい》していた業《ごう》が形にあらわれて消えて行く姿である。ありがとうございます」

と念じて、

「もう悪の因《たね》は消えたのだから、これから必ず、よい事ばかりがあらわれて来る」

と心に念じ、言葉にあらわして、善《よ》き事のみ実現するに相違《そうい》ないと深く信じ、念じて、現在目の前に与えられている仕事に誠心《まごころ》をもってつくせば、必ず結果はよくなるのであります。

（新装新版『真理』第10巻314頁）

悩んでいる人に対して

吾々《われわれ》は悩める人々に対して次の如《ごと》く思念して云《い》うべきである。

「吾《われ》は汝《なんじ》を智慧《ちえ》と勇気と力とを以《もっ》て祝福す
吾《われ》は汝を神の導きと守りと光栄とを以て祝福す
吾《われ》は神のよろこびと歓喜《かんき》とを以て祝福す
こうして他を祝福するとき又《また》自分も祝福されるのであ

る」

あなたが自己の中《うち》に内在する神の国から平和と愛と健康と喜びと神の国の豊《ゆたか》さとを輝き出す時祝福の放射線はあなたの中《うち》より流れ出て、外にまで顕現《けんげん》するのである。

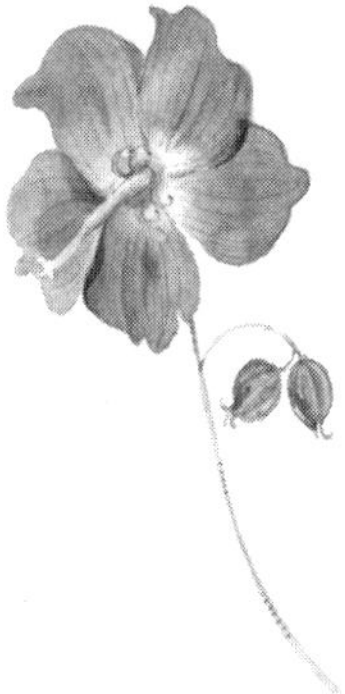

（『希望実現の鍵』134 頁）

祈りがきかれないとき

吾々《われわれ》が祈っても、その祈りがきかれないのは、その人がまだ、霊的《れいてき》に謙虚《ハンブル》（註：へりくだり心がカラッポなこと）でないからであります。霊的に素直でないからであります。どんな神の啓示《けいじ》があっても、「肉の自分」で「そんな事は迚《とて》も出来ない」とか、「そんな事は難《むつ》かしい」とか、「羞《は》ずかしい」とか、何とか我《が》の考えや感情が出てまいります。その我《が》がくだけているのが「心の貧しき者」であります。その我《が》がくだけてしまったときに、人は内にやどる神の声をきくのであります。我々は常に次のように祈るべきであります。

「神よ、あなたの無限の智慧《ちえ》を我《わ》れに流《なが》れ入《い》らしめ給《たま》いて、私の一挙手一投足《いっきょしゅいっとうそく》が悉《ことごと》く神の栄えを顕《あらわ》すことが出来ますように私をお導き下さいませ。私の栄えをあらわすためではございません。み心のままにお導き下さいませ」

（新装新版『真理』第５巻126頁）

自己改善のための祈り

失敗を恐れなくするために

恐怖心は誠《まこと》に人生の敵だと云《い》わなければならないのである。「能《でき》ない」「もう駄目《だめ》だ」と云う様《よう》な物の考え方は、能《でき》る力を停止してしまい、陥《おちい》る必要のない不幸の淵《ふち》に陥《おとしい》れてしまうことになるのである。では恐怖心を取去《とりさ》り、「能《でき》る」と云う考えを導き出すためにはどうしたら可《い》いだろうか。それは

「自分は神の子である。神が常に無限の智慧《ちえ》をもって導き給《たま》うているのであるから失敗することは決してないのであ

る。神はわが智慧《ちえ》、わが力、わが富――無限の供給である」

と常に念ずることである。

（新装新版『真理』第２巻322頁）

恐怖をなくすために

如何《いか》なる場合にも、あなたは一人であることはないのである。常に神と倶《とも》にあるのである。生命があなたに宿っていると云《い》うこと、そのことが既《すで》に神が宿っていると云うことである。肉体が如何にあろうとも、肉体は恐怖することがあろうとも、神の子のあなたよ、恐れるな。すぐ神があなたに宿っていることを思い出せ。常に神があなたと共《とも》であることを思い出しなさい。神にこう言って祈りなさい。

「愛深き神よ、あなたは悦《よろこ》びの神であります。幸福の神でありますあなたは健康の神であります。調和の神であります。あなたは悲しみや不幸の神ではありません。あなたは病気や不調和の神ではありません。私はあなたが常に私を護《まも》っていて下さることを信じます。あなたの護りの中に常に私はあることを信じて私は常に心安らかであります」

（新装新版『真理』第10巻290頁）

自分に自信がないとき

もしあなたの心の中に、自分はまだ駄目《だめ》だ。自分はまだ若いのだ。自分の能力は足りない。経験が浅い。資本が無いなどと悲観的な考えが起ってまいりましたら、早速《さっそく》そんな消極的な考えを打ち消してしまって次のように念ずるといいのであります。

「吾《われ》は神の子である。宇宙の無限大の創造力と一体である。神の無限大の創造力が自分を通して表現しようと欲《ほっ》し

ていられるのである。自分の表現する力は無限である。神から無限に智慧《ちえ》も能力も資本も流《なが》れ入《い》って来て自分を通して実現するのである」

（『希望実現の鍵』30～31頁）

劣等感を克服するために

若《も》し何等《なんら》かの劣等感があなたにありますならば、一切の弱点、欠点、限界、不調和等……自分の心に、かかる劣等の思いを、極力《きょくりょく》、心のうちで否定なさい。朝起きた瞬間、将《まさ》に眠りに落ちようとする瞬間、また仕事と仕事の合間《あいま》の休憩時間などに、

「私は神の子であるから一切の点においてすべての人に優《すぐ》れている。私は無限の能力を有《も》ち、無限の智慧《ちえ》を持ち、無

限の愛を持ち、行《ゆ》く処《ところ》可《か》ならざるなき本性《ほんせい》があるのである。その本性が毎日一層明《あきら》かに現象界《げんしょうかい》にもあらわれて来つつあるのである」

と繰返《くりかえ》し思念するが好《よ》いのであります。

（新装新版『真理』第8巻63～64頁）

腹立《はらだ》ち、憂鬱《ゆううつ》、不安を消すために

あなたが腹立《はらだ》たしくなって来たとき、心のうちで

「私の実相《じっそう》は神であるから、こんな事に腹が立つ筈《はず》はない」

と十回念ずるようにして御覧《ごらん》なさい。あなたの気が鬱《ふさ》いで来たとき

「私は神の子であるから、こんなことで気がふさぐ筈《はず》はない」

と十回念ずるようにして御覧なさい。あなたの事業の前途が不安になったら

「私は神の子であるから、神の子の事業の前途が悪くなる筈《はず》はない、今の苦境《くきょう》をくぐりぬける完全な智慧《ちえ》を授《さず》けたまう」

と、神想観中《しんそうかんちゅう》に念ずるようにして御覧なさい。何か病気のように感じられたら

「わたしの生命は神の生命である。神の生命が病気になる筈《はず》はない」

と神想観中に念ずるようにして御覧なさい。神の子たるあなたが腹立《はらだ》ったり、憂鬱《ゆううつ》になったり、不安になったり、病気になったりする筈《はず》はないのであります。

（新装新版『真理』第９巻208～209頁）

肯定的に祈るために

先《ま》ず吾々《われわれ》は祈ることです。しかし吾々の「祈り」は、断定的な「肯定の祈り」でなければなりません。すがりついて懇請《こんせい》するような、乞食《こじき》のような祈りや、「もし……ならば」というような疑いの祈りであるならば、その祈りは実現しないのであります。（中略）

「吾《われ》は無限の全能者《ぜんのうしゃ》を信ず。吾《われ》は断じて明日《あす》をも、また一分後の未来をも心配しない。吾《われ》は神が神の御意《みこころ》を成就《じょうじゅ》す

る用意を完備し給《たま》うていることを知る、しかして吾《われ》はその神の御意《みこころ》そのもの

(『無限供給の鍵』69〜70頁)

無限力を自覚するために

明瞭《めいりょう》に語られたる言葉は、曖昧《あいまい》に念ぜられたる言葉よりも実現力は強いのである。

合掌《がっしょう》瞑目神想観《めいもくしんそうかん》の形式をとり、自分の耳に聞こえるほどの声をもって、次のごとく誦《とな》えることは自己内在の無限の力を自覚する上に効果がある。

「神はすべてのものを我《われ》に与え給《たま》えり、ありがとうございます。（十回）

神は無限の智慧《ちえ》を我《われ》に与え給えり、ありがとうございます。（十回）
神は無限の愛をもって我《われ》を護《まも》り給えり、ありがとうございます。（十回）
神は無限の生命《いのち》を我《われ》に与え給えり、ありがとうございます。（十回）」

十回には限らないのであるが、あまり永《なが》いのも長時間かかるし、短くても感銘《めい》が浅《あさ》くなる。十回と限定したのはそのためである。

（頭注版『生命の實相』第38巻68頁）

無限の力を引き出すために

若《も》し誰《たれ》も、「貴方《あなた》は天才ですよ。立派な能力があるんですよ」と云《い》ってくれる者がなかったならば、貴方自身が絶えず自分自身にむかって、「自分は天才だ、自分は神の子だ、無限の力が宿っているのだ。どんな困難よりも強い力が宿っているのだ」と囁《ささや》きかけよ。暇《いとま》ある毎《ごと》に心のうちでそう唱《とな》えよ。低声《こごえ》で自分の耳に対してそう話しかけよ。（中略）

「貴方《あなた》は天才である。貴方《あなた》には無限の力が宿っている。

貴方《あなた》は偉いのだ。どんな困難よりも貴方《あなた》は偉いのだ。困難ある毎《ごと》に力は増す。どんな不順な時候《じこう》も、どんな不衛生な状態も貴方《あなた》を病気にすることは出来ない。身体《からだ》が弱いと思っていたのは嘘《うそ》だったのだ。自分で自分の力を出さなかったのだ」

（新装新版『真理』第１巻117頁）

わが内なる神を喚《よ》び出すために

「神は到《いた》る処《ところ》に、そして此処《ここ》に、自分の内に、そして自分の周囲に、到る処にましますのである。吾々《われわれ》は神の護《まも》りから逃《のが》れ出ようと思っても逃れ出ることは出来ないのである。此処に、此処に、私の内に、神は到る処に……」

この言葉を眼をつぶって心を静めて繰返《くりかえ》し繰返し念じて御覧《ごらん》なさい。その言葉が貴方《あなた》の生命に滲《し》み透《とお》って来るに従い、貴方の内にある神が目覚めて喚《よ》び出されてまいります。あなたの内に猛然《もうぜん》とした自信力が、如何《いか》なる困難にも打ち克《か》つ自信力が湧《わ》き出て来ます。あなたの「内なる神」から輝く後光《ごこう》が射《さ》して来ます。

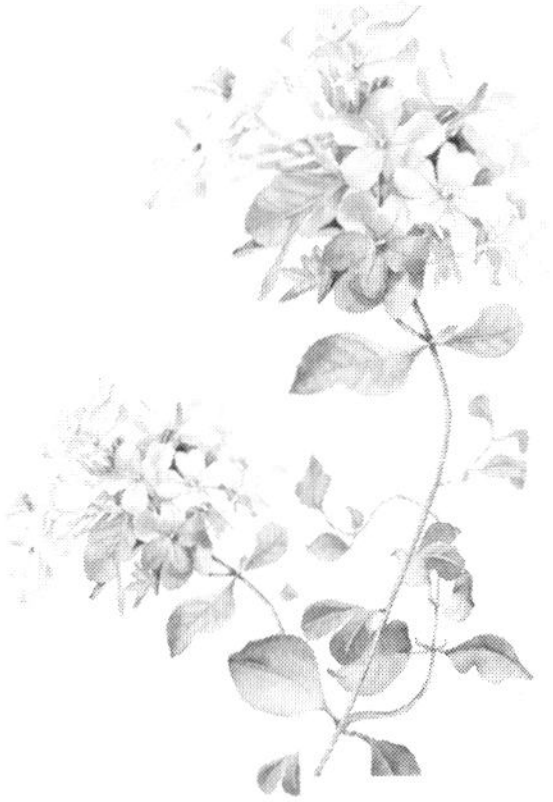

（新装新版『真理』第2巻265～266頁）

随時《ずいじ》随所《ずいしょ》でできる祈り

キリストが、信仰があれば山でも動くと言われたのは、「信仰」と云《い》うものは持続的な一定の想念であるからである。しかもそれが単なる想念ではなく感情に結びついて、潜在意識《せんざいいしき》の一定の傾向になっているから、信仰によって描かれた想念は、持続的で強力にいつまでも魂《たましい》の底にそれを想《おも》っているからである。

「自分は神の子だから必ず今日《きょう》もよいことが来る。よい事

が来る」

と朝起きたとき二十遍《ぺん》唱《とな》えよ。将《まさ》に眠りを催《もよお》して来たときにも二十遍唱えよ。更《さら》に仕事の合間《あいま》合間に時々《ときどき》数回ずつこれを唱えて潜在意識に印象せよ。現在よい事がなくともそんなことはどうでもよい。潜在意識に「善《よ》い事が来る」と云《い》う観念《かんねん》を植《う》え附《つ》けさえすれば好《よ》い。これがあなたに好《よ》き運命を決定する種子《たね》を蒔《ま》くことになるのである。

（新装新版『真理』第8巻310頁）

食事のとき

一口《ひとくち》ひと口を

「神様の食物《たべもの》、ありがとうございます」

と感謝しつつたべるのです。食事中に、悲観的なこと、憎《にく》んでいる人々の話、不快なことなどを思わないように、また語らないようにしましょう。一口ずつ感謝することは練習しているうちに段々できるようになります。練習を積まないうちに、到底《とて》もできないと悲観したり、失望して中絶してはなりません。せめて一週間試《こころ》みて御覧《ごらん》なさい、屹度《きっと》何らかの程度でよい結果が得られ、そして其《そ》の次も続けてやろうと云《い》う勇気がでて来ます。食前の祈りには、合掌《がっしょう》して瞑目《めいもく》し、神想観《しんそうかん》のときのように、神の智慧《ちえ》と愛と生命と供給と喜悦《よろこび》と調和とが充《み》ち満《み》ちておることを念じ、

「その生かす力が食物《しょくもつ》の形をとって自分に供給されるのであります。ありがとうございます」

と念じてから食物を、神が料理人として自分に供給された愛と生命と癒《い》やす力の結晶であると思って食するが宜《よろ》しい。

（新装新版『真理』第9巻143頁）

成績を良くするために

われわれがもし試験場にのぞんで、試験に勝ちたいと思ったとき、如何《いか》に祈ったらよいかを話しましょう。

「神様、神様の子たる私が自分の成績がよくなるのは神様のみ心であります。私は、人をやっつけて自分が偉くなりたいというのではありません。自分が神様から与えられた能力を完全に伸ばすことが出来まして、神の栄えとなりますように。私の成績をよくならしめ給《たま》え」

（新装新版『真理』第１巻199頁）

神の愛を自覚するために

諸君よ、一切の疑いを去り迷いをとりのけ、不安といらだちの心をふりすてて、今直《ただ》ちに速刻《そっこく》神の愛と力とを信ぜよ。しかしてかく念ぜよ。

「神は全知全能であり給《たま》う。神はかぎりなき愛と力であり給う。神は常に吾《われ》を愛し給う。神よ、神は常に吾《われ》を愛し給う」

(『生活改善の鍵』17頁)

最も簡単にして神を呼び出す祈り

「わが魂《たましい》の底の底なる神よ、無限の力湧《わ》き出《い》でよ」

毎日この〝聖なる求め〟を続けるならば、ついに自己の生命の内なる不可視《ふかし》の力に直接対面する時が来るのである。この不可視の力に抗《さから》ってはならない。この不可視の力に導かれて進むとき、一切のものは成就《じょうじゅ》するのである。

（新装新版『真理』第9巻292頁）

天地一新・希望成就《じょうじゅ》のための祈り

新生するための祈り

過去の過誤《あやまち》を思うな。過去は既《すで》に無《な》いのである。今日《こんにち》、神の子として新生せよ。

「自分は神の子として今日《きょう》から新たに新生したのであるから決して再び悪い癖《くせ》を繰返《くりかえ》すことはない」

（新装新版『真理』第8巻311頁）

新しいアイディアを受けるために

「吾《われ》は永遠に進歩の原則なる神より無限に新しきアイディアを受けて常によりよき方法と道とを発見するのである。吾《われ》は進歩である。吾《われ》は改善である。吾《われ》は永遠の向上であり、繁栄である」

この種の言葉を幾回《いくかい》もくりかえし精神統一に入り、あとは実際生活中に湧《わ》きでてくるところの改善の構想に任《まか》せればいいのである。

（『青年の書』64頁）

夢を実現するために

「神の智慧《ちえ》吾《われ》に流《なが》れ入《い》りて吾《われ》にもっとも適当なる夢を描かしめ給《たま》うのである。その夢を実現するに必要なるすべての計画を神の智慧が示し給うのである。そしてそれを実現するための断行の勇気と必要なる資材とを神は必ず与え給うのである」

と常に念ずるようにしているならば、必ず諸君にもっとも適切な、実現の可能性ある夢がいつしか諸君の心の中に天降《あまくだ》ってくるであろう。そして不思議《ふしぎ》にその協力者が現われ、それを実現するのに必要な資本も資材も自《おのず》から集まってくるであろう。神は無尽蔵《むじんぞう》であるからである。

（『青年の書』27 ～ 28 頁）

起床時・就寝時のための祈り

毎日前進するために

「私は現在の私《わたくし》以上のものである。それが毎日一層ハッキリ現実にあらわれつつある」

こう朝目が覚めた瞬間、二十回ずつ唱《とな》えることにするのは、内部の無限の可能性を毎日一層より多く現実化するに適当な自己暗示法だと云《い》うことが出来るのである。又《また》、夜、寝床《ねどこ》に入って将《まさ》に眠りに落ちようとするとき、この同じ言葉を自分の耳に聴《きこ》える程度の声で二十回、自分の潜在意識《せんざいいしき》に言ってきかせるつもりで唱えるのである。

(新装新版『真理』第8巻194頁)

幸福を見出《みいだ》すために

誰でも、心の眼をひらけば人間は神の子として無限の幸福を自分の内に見出《みいだ》すことができるのです。

「私は神の子、嬉《うれ》しい嬉しい、好《よ》いことのみでて来る」

と毎朝二十遍《ぺん》ずつ唱《とな》えてから起きることに致しましょう。

（『生活改善の鍵』79頁）

悪い想念を捨て去るために

皆さん、今晩から寝床《ねどこ》に入《はい》る前に正坐《せいざ》して目を瞑《つむ》り次のように数回心に念じてから眠りましょう。

「私はすべての人々に対して愛と好意と深切《しんせつ》の念を放送するのである。私は今一切の人々に対して過去に於《お》いて憎《にく》み怒《いか》り恨《うら》みの念を起《おこ》したことをすべて捨てるのである。私はすべての人々を赦《ゆる》したのである。私がすべての人々を赦した如《ごと》く神もわがすべての過《あやま》ちを赦したもうたのである。私は神の愛に包まれて平和である」

（新装新版『真理』第3巻324頁）

感謝の心で眠るために

一日の最後の時間を赦《ゆる》しと感謝とで満たすこと、それは健康に重大な関係があるのであるが、健康に関係がなくとも、それはそのままでありがたいことではないか。

寝床《ねどこ》に入《い》れば、すぐ次のごとく念じて感謝のうちに熟睡《じゅくすい》に入《い》るべきである——

「枕《まくら》よ、ありがとう。寝床《ねどこ》よ、ありがとう。蒲団《ふとん》よ、

ありがとう。寝巻《ねまき》よ、ありがとう。空気よ、ありがとう、……」

となんでも周囲に見出《みいだ》され、思い浮かべられるすべてのものに感謝の言葉を心のうちで唱《とな》えながら眠りに入《い》るのである。こうすれば不眠症の人でも直《ただ》ちに熟睡に入《い》ることができるものである。

（頭注版『生命の實相』第38巻190頁）

睡眠中に神の導きを受けるために

朝起きたときの気持は大切である。それは前夜の就寝時の気持に左右されることもある。兎《と》も角《かく》眠りしなには神想観《しんそうかん》によって

「神の愛と平安とが自分に流《なが》れ入《い》って睡眠中に、我《わ》がいのちの疲れを癒《い》やし、われを健《すこや》かならしめ給《たま》う」

と祈りの言葉を深く自分の潜在《せんざい》意識《いしき》に印象してから眠ることが大切である。そうして眠れば翌《よく》朝《ちょう》は極めて良い気持で眼《め》ざめるのであるが、それでも何らかの原因で眼がさめたとき、軽い頭痛やイライラしそうな心を感ずるならば、それに心を集注《しゅうちゅう》すれば、自己破壊の方向に心を集注することになるから、しずかに坐《ざ》して神想観《しんそうかん》して心を光明面に転ずるが好《よ》い。

（新装新版『真理』第8巻326頁）

神の護《まも》りに包まれて眠るために

神想観《しんそうかん》は毎朝毎晩必ず実修する習慣をつけるが宜《よろ》しい。朝は早く目が覚めず、すぐ仕事にかからなければならぬし、夜は、眠くて身体《からだ》がだるくて合掌《がっしょう》するにも疲れていて仕方がないと言うような場合には、夜、床《とこ》に入って仰臥《ぎょうが》したまま、ただ

「神と我《われ》とは一体である。神は完全であるから我《われ》も完全である。神と我《われ》とは一体である。神は霊《れい》であるから我《われ》も霊で

ある。霊は金剛不壊《こんごうふえ》であるから我《われ》も金剛不壊である。金剛不壊であるから如何《いか》なる病菌《びょうきん》にも気候の変化にも冒《おか》されない……」（これは健康を欲《ほっ》する場合の思念の一例）

と云《い》う風《ふう》に、一念その思いに心を集中して念じながら何時《いつ》の間にか眠ってしまうがよい。もっと簡単な〝思念の言葉〟としては、

「神の生命《いのち》われに流《なが》れ入《い》りてわが生命《いのち》となりたまう。われは無限智慧《ちえ》、無限愛、無限生命《せいめい》、無限健康」

（新装新版『真理』第9巻242～243頁）

と繰返《くりかえ》しつつ眠るがよい。罪の観念や悔恨《かいこん》の観念が起《おこ》って不安な感じがとれないと云《い》うような場合には、自分の胸を自分の両手で抱《いだ》きながら其《そ》の両手を「神の慈手《みて》」であると想像しつつ

「神は我《わ》が罪をゆるしたまいてわれをその慈手《みて》に抱《いだ》きたまう。われは完全に赦《ゆる》されたり」

と念じながら眠るがよろしい。

（新装新版『真理』第9巻242～243頁）

神との一体感を深めるための祈り

すべてに神を見出《みいだ》すために

「神――それは凡《あら》ゆる善《ぜん》である。神即《すなわ》ち〝あらゆる善〟がわが内にあり、わが周囲にあり、わが上にあり、わが下にあり、わが左右にあり、わが前後にあり、わが全体を引き包んでいるのである」

眼をつぶって此《こ》のように観《かん》ぜよ。現象《げんしょう》にあらわれている不完全な相《すがた》を本当にあると思ってはならない。あらゆる人間及《およ》び事物の実相《じつのすがた》（外見ではない）を見るとき、すべての人間及《およ》び事物は完全なる神の表現であるほかはないのである。

（新装新版『真理』第9巻207～208頁）

神に感謝するために

あなたが草臥《くたび》れたり、倦《う》んざりしたり、退屈したり、不健康に感じたり、スランプに陥《おちい》ったりするならば、それは「力の源泉」たる神との一体感が失《うしな》われていた証拠です。もっとハッキリ、神に対して振返《ふりかえ》ることである。そんな時には

「神の生命が今自分に流《なが》れ入《い》り、自分を満たしており、新しき生命を賦与《ふよ》し給《たま》いつつあるのである」

と念ずるようにすれば好《よ》いのである。そして

「何ものも自分の自信力を覆《くつがえ》すものとてはなく、あらゆる事物は八方《はっぽう》から、私の計画する仕事を完成せんがために推《お》し進《すす》めていてくれつつあるのである」

と暇《ひま》ある毎《ごと》に念じ、それを信ずるようにすれば、宇宙は一大《いちだい》生物であるから、宇宙の全神経がそのように動き出してそれを成就《じょうじゅ》させてくれるのである。

（新装新版『真理』第２巻 342 頁）

毎日を明るく楽しくするために

神があなたの内に在《あ》ることが本当に自覚されましたら、あなたは単に心の平和を得《う》ることができるばかりではなく、生活が明るく活潑《かっぱつ》になり、常に進歩的になって来ます。あなたの人生は、もう楽しいばかりです。だからあなたは今日《きょう》から斯《こ》う念じなさい。

「神は常にわたしの内にある。神の愛が常に私を護《まも》っていたまうのである。私は仕事をするときにも、書物を読むと

きにも、人と対談するときにも、常に神と偕《とも》にある。神は常に私を導き給《たま》うのである。私は感謝の心をもって、神の導きに常にしたがうのである。私は神の導きのどんな小さな囁《ささや》きをも、聞きのがすと云《い》うことはないのである。私は自己中心の心をふり棄《す》て、神に完全にまかせ切るのである。私は神と一体である。神来《きた》りてわれを導きたまうのである」

（新装新版『真理』第9巻329頁）

神の子の自覚を深めるために

「自己が神の子であって自己の生命は神の霊《れい》である」という事実に目覚めるにはどうしたらよいかという一つの秘訣《ひけつ》を申しますと、常に言葉の力で「私は神の子である」という思想の種子《たね》を自分の心に植付《うえつ》けるようにするのでありま す。道を歩く時にも

「神の子が今歩いている」

と低声《こごえ》でいって、その言葉の通りに思って神聖《しんせい》な罪《つみ》に穢《けが》れない「本物の自分」を心に印象するようにします。往復の電車に乗っている小さな暇《ひま》を利用しても

「私の真性《しんせい》は神である。神こそ本当の私である。だから私は恐れない」

と自分だけに聞える声で自分自身にいって聞かせます。人に面会する前にも

「私は神である。神が吾《わ》が父である。父と子とは一体であるからわが為《な》すは父が為し給《たま》うのだ」

と言葉に出して数回繰返《くりかえ》して自分にいって聞かせて心に自信力を植付けてから会うようにします。

（新編『生命の實相』第2巻145～146頁）

大安心を得るために

先《ま》ず招神歌《かみよびうた》四首《しゅ》を黙誦《もくしょう》又《また》は朗誦《ろうしょう》したる後《のち》、「実相《じっそう》を観《かん》ずる歌」を数回心に念じて、自己の心を無限の平和に置き、

「神に於《お》いて吾《わ》れすべての物と一体である。吾《わ》れすべてのものと和解し、吾《わ》れすべてのものを赦《ゆる》したのである。吾《わ》れとすべてのものとの間に怒《いか》りもなく、憎《にく》しみもなく、完全に

平和であり、本来の一体に帰ったのである」

こう繰返《くりかえ》し三、四回念じて、少しの怒りも憎《にく》しみも不安も恐怖もない、本来一体の平和の心境にジーッと坐《ざ》することにします。そしてその心境に達したとき、

「吾《わ》れすべての物と一体であるから、すべてのもの吾《わ》がために動き、すべての智慧《ちえ》吾《わ》がために導くのである」

こう繰返し、繰返し念じつつ宇宙に満つる無限の智慧《ちえ》と一体であるとの感《かん》を充分に起《おこ》して、やがて

（新編『生命の實相』第14巻101～102頁）

「必ず神は吾《わ》がために必要な智慧《ちえ》と動きとを与え給《たま》うものである」

との深き大安心《だいあんしん》の期待の心を起し、その神の導きに吾《わ》がすべてを没入《ぼつにゅう》し切った心持《こころもち》をふかぶかと心の中に起してから神想観《しんそうかん》を終《おわ》り、それが就寝前《しゅうしんぜん》であれば、まかせ切った気持で安心して寝てしまう、と翌朝《よくちょう》以後に神の導きが、智《ち》慧《え》の上にあらわれて来るのであります。

（新編『生命の實相』第14巻101～102頁）

神の生命と一つになるために

「神の生命我《わ》れに流《なが》れ入《い》り吾《わ》が内に神の生命満ちてそれに生かされている」

と撓《たゆ》まず念じておれば、やがて忽然《こつねん》、心に実相《じっそう》が顕現《けんげん》することになるのです。

（新編『生命の實相』第25巻68頁）

到《いた》る処《ところ》に神を観《かん》ずるために

困難が来るのは、自分の心が神の愛を妨《さまた》げているに過ぎないのであります。次のごとく瞑目《めいもく》して心をしずめて念じましょう。そこから実相《じっそう》の完全荘厳《そうごん》なる世界が現象界《げんしょうかい》にもそのすがたをあらわしてまいります。

「吾《わ》れ今五官《ごかん》の世界を去って実相《じっそう》の世界に入《い》り、実相の完全荘厳なる世界を観《かん》ずるに、到《いた》る処《ところ》に神満《み》ち給《たま》うことを知るのである。到る処に神の愛が満ち給うことを知るのであ

る。また到る処に神の智慧《ちえ》が満ち給うことを知るのである。神の完全なる平和が私を取巻《とりま》いているのであって、私は如何《いか》なる条件の下《もと》におかれても心の平和を失うと云《い》うことはないのである。神の愛は常に私を護《まも》りたまい、神の智慧《ちえ》は常に私を導きたまう。それゆえに私は恐れることを知らないのである。常に魂《たましい》の奥底から明るい歓《よろこ》びが湧《わ》き出て来ることを感ずるのである。そして歓びは歓びを招《まね》くことになり、私は常に悦《よろこ》びに満たされた生活を送るのである」

（新装新版『真理』第2巻78頁）

神の智慧《ちえ》を受けるために

宇宙には無限の智慧《ちえ》が充《み》ち満《み》ちているのであります。その智慧《ちえ》を自分に汲《く》みとれば好《よ》いのです。そのためには、神想観《しんそうかん》のときに次のように祈ると宜《よろ》しい。

「神よ、私の生命《いのち》をあなたが私に使命づけられた仕事のために捧《ささ》げます。その使命を遂行《すいこう》するために必要な智慧《ちえ》を私に与えたまえ」

このように一心に祈ってから暫《しばら》く、その智慧《ちえ》の流《なが》れ入《い》るのを受けるつもりで、「受身《うけみ》」の心で静かに精神統一して待つが宜しい。

すべてを神にゆだねるために

「神にゆだねよ」と言ってもどうしてよいか判《わか》らないと云《い》う人は、神想観《しんそうかん》をなさって次のようにお念じになるのがよいのであります。

「神様あなたは私の親様でいらっしゃいます。あなたは宇宙の何処《どこ》にでも満ちていらっしゃいます。私の行《ゆ》く処《ところ》、居《い》る処《ところ》、あなたは何処《どこ》にでもいて私をお護《まも》り下さいます。あなたは無限の生命であり、その生命が常に私に流《なが》れ入《い》って私を健《すこや》かならしめたまいます。常に私はあなたの愛に抱《いだ》かれておりますから、心は常に信頼に満ちて平和でございます」

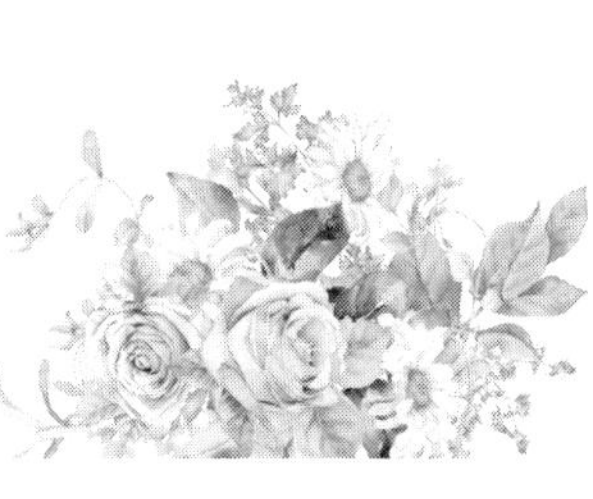

（新装新版『真理』第7巻327頁）

無《む》我《が》の心になるために

祈りが純粋であるためには、「幼《おさ》な児《ご》」の心、完全なる謙《へりくだり》抑の心、無《む》我《が》の心にならなければなりません。

「神よ、み国《くに》を来《きた》らしめ給《たま》え。み心の天に成《な》るが如《ごと》く地にも成らせたまえ。み心をわれに示したまえ。わが欲《ほっ》することを求むるに非《あら》ず。み心を……み心を……み心を……」

こう念じて、自己を思わず、何事をも何物《なにもの》をも求めず、心をひたすら、「自己臍下丹田《せいかたんでん》の神」にふり向け、御心《みこころ》のかすかなる響《ひび》きをも、素直に聴《き》き漏《も》らすまじと熱心に傾聴《けいちょう》する気持をもちつづけること一回三分間――これを毎日十回乃至《ないし》二十回繰返《くりかえ》すのです。

（新装新版『真理』第9巻254頁）

永遠の生命を自覚するために

肉体は所詮《しょせん》は滅《ほろ》び行《ゆ》くもの、刻々《こくこく》体温をつくって燃え尽きつつあるものであり、〝霊《れい》なる人間〟のみ永遠の存在である。次の如《ごと》く念じましょう。

「我《われ》は神の霊《れい》の大海《たいかい》に棲《す》む。神の霊われに流《なが》れ入《い》りてわが生命《いのち》と成《な》りたまう。わが生命《せいめい》は宇宙に満つる神と一体であるのである。神わが内にあり、神の内に我《われ》あり、神と我《われ》とは分《わか》ちがたく一体である。我《われ》は大《おお》いなるものなるかな。み空の太陽も月も星もみなわが生命《せいめい》の内にありて輝けり。我《われ》は宇宙と一体である、だから何事を成さんと欲《ほっ》しても成らざることはないのである」

（新装新版『真理』第9巻275～276頁）

神との一体感を得るために

念々《ねんねん》ただ感謝の言葉を心のうちでとなえなさい。其処《そこ》から癒《いや》す不思議《ふしぎ》な力が活潑《かっぱつ》に発現《はつげん》してくるのです。次の如《ごと》く念じなさい。

「私が今、神と一体であることを自覚したがゆえに、最早《もはや》人生に何の恐れもないのである。私は常に神に感謝するのである。毎日毎日がわが向上の一歩一歩である。私は如何《いか》

なる状態があらわれて来ようとも、それが自分を磨《みが》き、自分を高める試金石《しきんせき》であるとして勇敢《ゆうかん》に立向《たちむか》うのである。吾《わ》が行《ゆ》く処《ところ》に常に吾《われ》を守りたまう神が附随《ふずい》していたまうのである。私は、神と一体なるがゆえに勇気そのものである。

私は今神に感謝するのである。神は私を守りたまい、恐怖を除《のぞ》きたまい、あらゆる問題を快刀乱麻《かいとうらんま》を断《た》ち切るように明快《めいかい》に解決し得《う》る智慧《ちえ》を与えたまうのである。神は、われを守りたまう砦《とりで》であり、われを導きたまう水先案内《みずさきあんない》であり

（新装新版『真理』第9巻282頁）

たまう。此《こ》の大《おお》いなる愛の神、智慧《ちえ》の神なる宇宙大生命を私は一時《ひととき》と雖《いえど》も忘れると云《い》うことはないのである。だから私は常に平和であり、勇敢《ゆうかん》である」

（新装新版『真理』第9巻282頁）

谷口雅春(たにぐちまさはる)
明治26年11月22日神戸市に生まれる。大正元年、早稲田大学文学部英文科に進む。大正3年に中退。その後、真の神を求める求道生活を続け、遂に「人間・神の子、現象なし」の啓示を受ける。昭和5年に個人雑誌「生長の家」を創刊。「神一元、中心帰一、万教帰一」の「唯神実相論」を奔流のごとき勢いで展開し、病気や人生苦に悩む多くの人々に奇蹟をもたらした。同誌の普及とともに、生長の家人類光明化運動、日本国実相顕現運動へと発展。著者の「唯神実相論」は、昭和期から今日まで、多くの宗教家、政治家、経済人、文化人に多大の影響を及ぼし続けている。昭和60年6月17日、満91歳にて昇天。著書は500冊以上にのぼり、主著『生命の實相』は累計1900万部を超え、今なお多くの人々を救い続けている。

新《しん》　私《わたし》はこうして祈《いの》る
――ひと・とき・場合《ばあい》に応《おう》じた祈《いの》りの言葉《ことば》

初版発行――平成31年4月25日
著　者――谷口雅春
発行者――白水春人
発行所――株式会社光明思想社
〒103-0004
東京都中央区東日本橋2-27-9　初音森ビル10F
TEL 03-5829-6581　Fax 03-5829-6582
郵便振替 00120-6-503028
本文組版――メディア・コパン
印刷・製本――モリモト印刷株式会社

ISBN978-4-904414-96-5